Coleção dos Sonhos
para educação financeira
em quadrinhos

Nico e o sonho radical

dsop editora
www.editoradsop.com.br

Presidente: PhD Reinaldo Domingos
Coordenadora editorial: Renata de Sá
Redatora: Dandara Monteiro
Editora de texto: Sabrina Levensteinas
Editora de arte: Marisa Corazza
Revisora: Gabriela Andrade

Sênior EDITORA

www.senioreditora.com.br
Instagram: @senior.editora

Editor colaborador: Samuel Vieira
Blue Line Studio
Diretor de arte: João Costa
Colaboradores
Desenhos: Aparecido F. Norberto (Cidão)
Arte final HQ e capa: Omar Viñole
Arte final das atividades: Léo Munhoz
Cor das atividades: Léo Munhoz
Cor HQ e capa: Donizeti Amorim
Letras: Fausto Costa

Rua Alba, 88 – CEP: 04346-000
Vl. Pq. Jabaquara – São Paulo – SP
Tel.: 11 3177-7800

Dados Internacionais de Catalogação na Publicação (CIP)
(Câmara Brasileira do Livro, SP, Brasil)

Domingos, Reinaldo
Nico e o sonho radical / Reinaldo Domingos ; [ilustração Blue Line Studio de Artes]. -- São Paulo : Editora DSOP, 2021.

ISBN 978-65-87565-70-5

1. Educação financeira 2. Finanças - Literatura infantojuvenil 3. Histórias em quadrinhos - Literatura infantojuvenil 4. Sonhos - Literatura infantojuvenil I. Blue Line Studio de Artes. II. Título.

21-78683 CDD-028.5

Índices para catálogo sistemático:

1. Educação financeira : Literatura infantil 028.5
2. Educação financeira : Literatura infantojuvenil 028.5

Cibele Maria Dias - Bibliotecária - CRB-8/9427

NICO EM:

NICO E O SONHO RADICAL

* A mesada financeira é aquela que é dada para a criança aprender a administrar o dinheiro que ganha. Trata-se de um valor fixo determinado pelos pais ou responsáveis.

ANTES DE DORMIR, NICO FEZ UMA LISTA COM POSSÍVEIS SONHOS...
ZZZZZ
DEPOIS DE SEMANAS SEM VER OS AMIGOS, EM SEU PRIMEIRO DIA DE AULA, NICO AINDA ESTAVA UM POUCO TÍMIDO...
EI, NICOOO! SENTA AQUI!
PESSOAL, DEPOIS DA AULA, VAMOS AO PARQUE ANDAR DE PATINS? MINHA MÃE VAI COM A GENTE.
EU TOPO!

VAI AO PARQUE HOJE, NICO?
CLARO QUE ELE VAI... VOCÊ VAI COM A GENTE, NÉ, NICO?
ERRR...
APESAR DO MEDO DE NÃO CONSEGUIR ANDAR DE PATINS, NICO FOI AO PARQUE. ELE E OS AMIGOS SE DIVERTIRAM MUITO JUNTOS...
UHUUU!
YEAH!!

ALGUNS DIAS DEPOIS...
BOM DIA, MENINOS.
ESTA É OLÍVIA, A ALUNA NOVA.
BOM DIA, PROFESSORA.
QUANDO A GENTE FOI GUARDAR O MATERIAL, A PROFESSORA NOS APRESENTOU UMA ALUNA NOVA, O NOME DELA É OLÍVIA.
E ELA É LEGAL?
NÃO SEI, AINDA NÃO CONVERSAMOS. MAS A GENTE PERCEBEU QUE UMA DAS PERNAS DELA É DIFERENTE.
COMO ASSIM?
NÃO É DE CARNE E OSSO, A PROFESSORA FALOU QUE O NOME É PRÓ-TE-SE.
SERÁ QUE ELA PODE BRINCAR COM A GENTE?

PROFESSORA, NÃO QUERÍAMOS MAGOAR A OLÍVIA. É QUE A GENTE NÃO ENTENDEU COMO ERA TER UMA PERNA DIFERENTE.
OLÍVIA... DESCULPA, NÃO QUERÍAMOS TE MAGOAR.
TUDO BEM. EU ESTOU ACOSTUMADA COM AS PESSOAS FALANDO SOBRE A MINHA PERNA.

DIAS DEPOIS...
MATEMÁTICA ESTÁ EM TUDO, NÉ? QUE MALUCO ISSO.
2+5x3=
VERDADE, DA RÉGUA QUE A GENTE USA ATÉ O DINHEIRO NA CARTEIRA.
PENA QUE NA MINHA CARTEIRA NÃO TEM NADA.
HAHAHAHAHAHA
VEJO QUE JÁ ESTÃO SE DANDO BEM...
HIHIHI

PESSOAL! MEU PAI ESTÁ DE FÉRIAS... VAMOS AO PARQUE ANDAR DE SKATE E PATINS? ELE PODE LEVAR A GENTE.
EU TOPO.
EU TOPO, VOU FALAR COM MINHA MÃE.
EU TAMBÉM.
OLÍVIA... E VOCÊ?
CLARO QUE VOU! VOU AVISAR MINHA MÃE TAMBÉM.
YUPI!!!

MAIS TARDE, NO PARQUE...
UHUUU!
YUPI!!!
OLÍVIA, QUER TENTAR ANDAR COM MEU SKATE?
SERÁ? AH, EU QUERO SIM! VOCÊS ME AJUDAM?
CLARO. VEM COM A GENTE.
PARA SURPRESA DE TODOS, OLÍVIA APRENDEU E ADOROU ANDAR DE SKATE COM OS AMIGOS...
FOI MUITO DIVERTIDO!
A GENTE PRECISA FAZER ISSO MAIS VEZES!
EU ADOREI!

NO DIA SEGUINTE, NICO E SEUS AMIGOS FICARAM TÃO ANIMADOS COM O SUCESSO DO DIA ANTERIOR QUE JÁ COMBINAVAM NOVAMENTE DE IR AO PARQUE.
PESSOAL... HOJE NÃO VOU COM VOCÊS.
POR QUÊÊÊ? VAMOS COM A GENTE, VAIIII...
EU QUERIA MUITO IR, MAS MEUS PAIS NÃO PODEM COMPRAR UM SKATE PRA MIM. ELES ESTÃO ECONOMIZANDO PARA TROCAR MINHA PRÓTESE.
COMO ESTOU CRESCENDO, TODO ANO PRECISO TROCAR.
MAS PODEMOS FAZER OUTRAS COISAS NO PARQUE...
VERDADE. VAMOS COM A GENTE, VAI SER LEGAL TAMBÉM.
OBRIGADA, MAS HOJE É MELHOR EU NÃO IR.

MAIS TARDE NO PARQUE...
GENTE, NÃO É A MESMA COISA SEM A OLÍVIA.
VERDADE... MAS O QUE PODEMOS FAZER?
E SE A GENTE CONSEGUISSE UM SKATE PARA ELA? PODE SER USADO, DE ALGUÉM QUE NÃO PRECISA MAIS.
OS MEUS PATINS ERAM DA MINHA IRMÃ.
BOA IDEIA, NICO!!! EU TENHO UM SKATE LÁ EM CASA QUE NINGUÉM USA. MAS PRECISA DE RODINHAS...
POSSO AJUDAR COM ALGUMAS RODINHAS USADAS.
VOU VER SE MINHA IRMÃ TEM EQUIPAMENTOS DE SEGURANÇA QUE NÃO USA MAIS TAMBÉM.

NA SEMANA SEGUINTE... DEPOIS DE MUITA INSISTÊNCIA, CONSEGUIRAM LEVAR OLÍVIA AO PARQUE PARA ENTREGAR O PRESENTE.
VOCÊS SÃO DEMAIS!!! OBRIGADA!!!
AGORA A TURMA ESTÁ COMPLETA! PODEMOS COMBINAR COM NOSSOS PAIS PARA VIR AO PARQUE DUAS VEZES POR SEMANA, O QUE ACHAM?!
QUE TAL TRÊS VEZES? HEHE!
N
AH, É MESMO? E QUANDO VAMOS ESTUDAR E FAZER A LIÇÃO DE CASA?
HIHIHI!!!

NICO E OS AMIGOS SE DIVERTIRAM MUITO NO PARQUE.

QUANDO PERCEBERAM... OS MESES PASSARAM BEM RÁPIDO.
QUANTAS VEZES A GENTE FOI AO PARQUE?
MUITAS! E O MELHOR. NÃO GASTAMOS NADA LÁ. O QUE ME AJUDA NA REALIZAÇÃO DOS MEUS SONHOS.
É, TEM SIDO LEGAL... MAS ESTOU PREOCUPADA COM A PROVA DE MATEMÁTICA. NÃO ENTENDI DIREITO ISSO DE DOBRO, TRIPLO...
VAMOS ESTUDAR JUNTOS?
JÁ SEI! PODEMOS FAZER UM SISTEMA DE PONTOS PARA NOSSAS MANOBRAS...
QUEM ACERTAR DUAS MANOBRAS SEGUIDAS OS PONTOS DOOOOBRAM! SE ACERTAR MAIS UMA, TRIPLIIIICAM!
VOU GANHAR FÁCIL DE VOCÊS!
HAHAHAHAHA

QUANDO NICO E OS AMIGOS ESTAVAM NO PARQUE, VIRAM O CARTAZ DE UM CAMPEONATO DE PATINS E SKATE E FICARAM MUITO ANIMADOS...
CAMPEONATO MUNICIPAL DE SKATE E PATINS PARA JOVENS - EQUIPES DE 5 PARTICIPANTES
INSCRIÇÕES
É PER-FEI-TO!!!
VAMOS PARTICIPAAAR? DIZ QUE SIM!!
YUPI!!!
JÁ PODEMOS COMEÇAR A TREINAR HOJE!
HUM...
O QUE FOI, OLÍVIA? NÃO PARECE ANIMADA...
PESSOAL, ACHO QUE NÃO VOU PODER PARTICIPAR. MINHA PRÓTESE JÁ NÃO ESTÁ MUITO BOA PARA ANDAR DE SKATE NO PARQUE, IMAGINA PARA UMA COMPETIÇÃO...
QUEM SABE SEUS PAIS NÃO CONSEGUEM TROCAR A PRÓTESE ANTES...
NÃO SE PREOCUPA, VAI DAR TUDO CERTO.
IHUUUU!!!
ISSO MESMO. E VAMOS ARRASAR!

ENFIM, AS PROVAS CHEGARAM... E, GRAÇAS AO TRABALHO EM EQUIPE, NICO E SEUS AMIGOS FORAM BEM EM MATEMÁTICA.
NICO ESTAVA ANIMADO, POIS NAQUELA TARDE TAMBÉM REALIZOU O SEU PRIMEIRO SONHO, O DE **CURTO PRAZO**: COMPROU UM LIVRO DE INVESTIGAÇÃO COM O DINHEIRO QUE POUPOU NO SEU COFRINHO...
NO FINAL DE SEMANA.
O QUE FOI?
É QUE A OLÍVIA NÃO VAI COMPETIR COM A GENTE.
MINHA PRÓTESE ESTÁ PEQUENA E MEUS PAIS ESTÃO SEM DINHEIRO. SÓ VAMOS CONSEGUIR TROCAR NO INÍCIO DO ANO QUE VEM.
MAS POSSO TREINAR ATÉ CONSEGUIREM ALGUÉM PARA PARTICIPAR NO MEU LUGAR...

MAIS TARDE, A FAMÍLIA DEFINIA OS DETALHES DO SONHO COLETIVO, A TÃO ESPERADA VIAGEM DE FINAL DE ANO, MAS NICO ESTAVA PENSATIVO...
MÃE, E SE EU USAR O DINHEIRO DO MEU COFRE DE MÉDIO PRAZO PARA AJUDAR OLÍVIA A COMPRAR A PRÓTESE DELA?
A IDEIA É ÓTIMA, FILHO! MAS UMA PRÓTESE PODE CUSTAR MUITO DINHEIRO... SÓ O SEU DINHEIRO NÃO SERÁ SUFICIENTE.
HUM...
JÁ SEI! POSSO USAR OS 4 PASSOS DO VOVÔ AMADEU. EEEEE... PEDIR AJUDA AOS MEUS AMIGOS. TALVEZ JUNTANDO NOSSAS ECONOMIAS, A GENTE CONSIGA AJUDAR A OLÍVIA.
MUITO BEM, FILHO! VOCÊ PODE FAZER UMA POUPANÇA COLETIVA.

BOA, MANINHO!!!
POSSO AJUDAR.
OBAA!!
ENTÃO, VAMOS LÁ...
O PRIMEIRO PASSO EU JÁ FIZ BASTANTE, É **DIAGNOSTICAR.** OLHAR BEM DE PERTINHO E PERCEBER QUE OLÍVIA PRECISA DE AJUDA.
EEEEEE!!!
O QUE NOS LEVA AO SEGUNDO PASSO, QUE ÉÉÉ..?
SONHAR. ESSE É FÁCIL. O SONHO DO NICO É AJUDAR A COMPRAR A PRÓTESE PARA A OLÍVIA.
O QUE NOS LEVA AO **ORÇAR**, QUE SÃO O QUE, CRIANÇAS?
SÃO AS ESTRATÉGIASSS.
NICO JÁ RESERVOU O DINHEIRO DO COFRINHO MÉDIO.
ISSO! E EU TAMBÉM VOU PEDIR A AJUDA DA TOMOKO, ANDRÉ E FRED.
E, POR FIM, **POUPAR.**
ISSO. É FAZER DE TUDO PARA CONSEGUIR REALIZAR ESSE SONHO PARA A OLÍVIA. ELA NEM VAI ACREDITAR.

NICO QUERIA MUITO QUE OLÍVIA PUDESSE COMPETIR COM ELES...
ENTÃO, ASSIM COMO COMBINADO, FOI PEDIR AJUDA AOS AMIGOS, QUE TOPARAM NA HORA.
A MÃE DE NICO CONVERSOU COM OS PAIS DE TODOS ELES PARA VER COMO PODERIAM FAZER...
PENSAMOS EM UMA POUPANÇA COLETIVA... O QUE ACHAM?

A ESCOLA TAMBÉM ADERIU À CAMPANHA PARA ARRECADAR FUNDOS PARA A NOVA PRÓTESE DE OLÍVIA.
Sonho da Olívia

QUANDO TUDO PARECIA BEM...
NÃÃÃOOOO...
NÃO ACREDITO! E AGORA, COMO VAMOS TREINAR?
FECHADO
NENHUM DELES TINHA UMA CASA COM ESPAÇO GRANDE O SUFICIENTE. ENTÃO DECIDIRAM PROCURAR OUTRO PARQUE PARA TREINAR...
MAS OS OUTROS PARQUES SÃO MUITO LONGE...
É VERDADE!
POR QUE NÃO VAMOS DE ÔNIBUS CONHECER UM DELES?
MEUS PAIS NÃO VÃO DEIXAR.
AINNN... ACHO QUE OS MEUS TAMBÉM NÃO. MAS NÃO PODEMOS DESISTIR AGORA.
PODEMOS TENTAR...
COM MEDO DE OS PAIS NÃO CONCORDAREM, NICO E SEUS AMIGOS COMBINARAM DE IR A OUTRO PARQUE SEM QUE ELES SOUBESSEM...
MAS QUANDO CHEGARAM NO PONTO DE ÔNIBUS, DERAM DE CARA COM SEUS PAIS, QUE DESCOBRIRAM O COMBINADO.

DEPOIS DO CASTIGO DE UMA SEMANA SEM TREINAR...
O PARQUE SERÁ FECHADO POR TEMPO INDETERMINADO PARA REFORMA...
NÃO PODE SER!!!!!
NA ESCOLA...
PROFESSORA, QUEREM FECHAR O PARQUE AQUI PERTO DA ESCOLA, VOCÊ VIU?
A SENHORA ACHA QUE PODEMOS FAZER ALGO A RESPEITO?
AJUDA A GENTE, ISSO NÃO É JUSTO... MUITAS PESSOAS USAM O PARQUE.
PELO QUE EU VI A PREFEITURA JÁ SE DECIDIU. MAS SE CONSEGUIREM MOBILIZAR UM GRANDE NÚMERO DE PESSOAS... TALVEZ MUDEM DE IDEIA. POSSO VER COMO A ESCOLA PODE AJUDAR TAMBÉM E AVISO VOCÊS.
É ISSO!!!
VAMOS CHAMAR TODO MUNDO DA ESCOLA E OS MORADORES DA REGIÃO.
CERTEZA QUE VÃO AJUDAR!

NA SEMANA SEGUINTE, TODOS SE ENVOLVERAM EM UMA ENORME CAMPANHA, COM DIREITO A CARTAZES, ABAIXO-ASSINADO E UMA COMISSÃO PARA ENTREGAR OS DOCUMENTOS NA PREFEITURA.
FECHADO
FECHA
SALVEM NOSSO PARQUE!
SALVEM NOSSO PARQUE!

ALGUM TEMPO DEPOIS...
A AULA HOJE SERÁ EM UM LOCAL DIFERENTE...

PARA ENTENDEREM COMO FOI LEGAL A INICIATIVA E A UNIÃO DE TODOS PARA UM SONHO COLETIVO...

...HOJE NOSSA AULA SERÁ AQUI!
UHUUUUUU!!!
YUPI!!!

TODOS FICARAM MUITO FELIZES COM A REABERTURA DO PARQUE. E, COMO FOI COMBINADO COM A PREFEITURA, OS PAIS E MORADORES FIZERAM UM MUTIRÃO DE LIMPEZA.
NA FAMÍLIA DE OLÍVIA, TODOS ESTAVAM MUITO FELIZES COM O SUCESSO DA POUPANÇA COLETIVA PARA O SONHO DE COMPRAR A SUA PRÓTESE.
E AGORA QUE TUDO ESTAVA DO JEITO CERTO, NICO E SEUS AMIGOS TREINAVAM MUITO PARA O CAMPEONATO.

NICO ESTAVA TÃO FELIZ QUE NÃO PODIA DEIXAR DE CONTAR AS NOVIDADES PARA O VÔ AMADEU...
FOI TUDO INCRÍVEL, VOVÔ!
FICO FELIZ QUE DEU TUDO CERTO.
E AGORA ESTAMOS MONTANDO UMA PEÇA DE TEATRO, QUE SERÁ NOSSO TRABALHO DE FINAL DE ANO.
SOBRE O QUE É A PEÇA?
VAMOS CONTAR NOSSA SAGA PARA MANTER O PARQUE ABERTO... HIHIHIHI!
SERIA TÃO LEGAL SE O SENHOR CONSEGUISSE ASSISTIR...
VOU TENTAR IR, MAS NÃO PROMETO.

PESSOAL, SAIU O SORTEIO DO CAMPEONATO E VAMOS COMPETIR NO MESMO DIA DA PEÇA...
E AGORA??
AHHHH, NÃOOO!
FIQUEM TRANQUILOS... POSSO FALAR COM A COORDENADORA PARA DEIXAR A PEÇA DE VOCÊS SER A PRIMEIRA DO DIA. ASSIM DÁ TEMPO DE CHEGAR NA COMPETIÇÃO.
OBRIGADO, PROFESSORA!
YUPIIIII!
VAMOS PRECISAR SER ÁGEIS...

NICO E SUA TURMA ENSAIARAM TANTO PARA A PEÇA DE TEATRO E PARA O CAMPEONATO QUE AQUELE RESTINHO DE ANO PASSOU VOANDO. A PEÇA COMEÇOU E, APESAR DE NERVOSOS NO INÍCIO, FOI UM SUCESSO!

APRESSADOS, ASSIM QUE TERMINARAM A PEÇA, NICO E SEUS AMIGOS CORRERAM PARA A COMPETIÇÃO.
IHUUUU!!!
YEAH!!

A EQUIPE DE NICO FOI MUITO BEM NA COMPETIÇÃO! APESAR DE NÃO GANHAREM O PRÊMIO PRINCIPAL, GANHARAM O PRÊMIO DE EQUIPE MAIS UNIDA.

COM O FIM DO ANO LETIVO, NICO E SEUS AMIGOS JÁ ESTAVAM COMBINANDO QUAIS SERIAM AS PRÓXIMAS AVENTURAS DA TURMA.
QUANDO VOCÊ VOLTA, NICO?
LOGO.

E, MAIS UMA VEZ, A FAMÍLIA DE NICO UTILIZOU OS QUATRO PASSOS QUE O VÔ AMADEU ENSINOU PARA REALIZAR UM SONHO DE LONGO PRAZO.
FIM.

ATIVIDADES

1. NICO TEM TRÊS COFRINHOS PARA TRÊS SONHOS DIFERENTES. ESCREVA ABAIXO DE CADA COFRINHO O RESPECTIVO SONHO.

SONHO DE CURTO PRAZO (ATÉ TRÊS MESES);
SONHO DE MÉDIO PRAZO (ATÉ SEIS MESES);
SONHO DE LONGO PRAZO (ACIMA DE SEIS MESES).

2. NICO FEZ MAIS UMA AMIZADE NA ESCOLA. AGORA, A TURMA DO NICO ESTÁ COMPLETA.

A) COLOQUE OS NOMES DOS AMIGOS DE NICO EM ORDEM ALFABÉTICA.

FRED – ANA TOMOKO – OLÍVIA – ANDRÉ

B) ESCREVA O NOME DOS SEUS AMIGOS EM ORDEM ALFABÉTICA.

3. OLÍVIA ESTAVA COM DIFICULDADE PARA ENTENDER A AULA DE MATEMÁTICA. AJUDE-A COM AS QUESTÕES A SEGUIR.

A) DESENHE O DOBRO DE URSINHOS.

B) E SE FOSSE O TRIPLO? CIRCULE A QUANTIA CORRETA.

4. A TURMA DO NICO IA AO PARQUE PARA ANDAR DE PATINS E SKATE. O QUE MAIS É POSSÍVEL FAZER EM UM PARQUE? ASSINALE AS ALTERNATIVAS CORRETAS.

5. VOCÊ DESCOBRIU QUE PODE REALIZAR VÁRIOS SONHOS. PARA ISSO, BASTA UTILIZAR OS 4 PASSOS DO VÔ AMADEU. PENSE EM TRÊS SONHOS E FAÇA UM DESENHO PARA CADA UM DELES. EM SEGUIDA, ESCREVA QUAIS SERÃO AS SUAS ESTRATÉGIAS PARA REALIZÁ-LOS.

CURTO PRAZO - ATÉ 3 MESES

MÉDIO PRAZO - ATÉ 6 MESES

LONGO PRAZO - ACIMA DE 6 MESES

Vitoria Nascimento

REINALDO DOMINGOS NASCEU EM CASA BRANCA, INTERIOR DE SÃO PAULO. FILHO DE PAI FERROVIÁRIO E DE MÃE AUTÔNOMA, AOS 12 ANOS DE IDADE REALIZOU O PRIMEIRO DOS SEUS MUITOS SONHOS: COMPRAR UMA BICICLETA. ATUALMENTE, É PHD EM EDUCAÇÃO FINANCEIRA E MENTOR DE UMA METODOLOGIA COMPORTAMENTAL, A **METODOLOGIA DSOP**, QUE APRENDEU QUANDO AINDA ERA APENAS UMA CRIANÇA. AUTOR DE DIVERSOS LIVROS PARA O PÚBLICO INFANTOJUVENIL, PUBLICOU AS SÉRIES *O MENINO E O DINHEIRO*; *O MENINO DO DINHEIRO*; E OS LIVROS *O MENINO DO DINHEIRO EM CORDEL* (PNLD 2018), *DIÁRIO DOS SONHOS*, *A MENINA DO RIO*, ENTRE OUTROS. EM PARCERIA COM MAURICIO DE SOUSA, LANÇOU AS OBRAS *COMO CÃES E GATOS*, *VISITA À FAZENDINHA*, *SEM SONHOS* E *O SUMIÇO DO CEBOLA*. AUTOR DE TRÊS COLEÇÕES DIDÁTICAS DE EDUCAÇÃO FINANCEIRA PARA O ENSINO BÁSICO DO PAÍS, ADOTADAS POR DIVERSAS ESCOLAS PÚBLICAS E PRIVADAS, É COAUTOR DA OBRA *JUVENTUDE PLURAL – PROJETO DE VIDA*, OBRA DE ENSINO MÉDIO APROVADA NO PNLD 2021.